Mi Alma En Versos

Ondina Prieto De Silva

Prologo

En las páginas que siguen, te invito a sumergirte
En el ritmo de mi corazón, en las melodías de mis pensamientos
Y en la armonía de mis emociones.
Este libro es un viaje íntimo a través de mis experiencias,
mis reflexiones y mis sueños.
Cada poesía es un fragmento de mi alma, un susurro de mi esencia, un
reflejo de mi humanidad.
En ellas encontrarás la luz y la oscuridad, la alegría y la tristeza, la
esperanza y la duda.
No busco responder preguntas, sino hacerlas. No busco enseñar, sino
aprender. No busco convencer, sino conectar.
Así que te pido que te sientes conmigo, que te permitas sentir el latido
de mi corazón y que descubras en estas páginas
Un pedacito de ti mismo.

Bienvenidos a mi alma en versos.

Ondina Prieto de Silva

Mis sueños

Así es la vida, me digo, cuando a solas yo me encuentro
Está todo hoy tan triste y es así como lo siento
Que todo lo que he soñado se me ha salido del pecho
Y ya hoy no queda nada, pues se lo ha soplado el viento

Hoy quizás es que comprendo cuántos son los sufrimientos
Cuando de pronto despierto y mis sueños, dulces sueños que
Guardé por tanto tiempo, al despertar me doy cuenta que los ha
Soplado el viento, quizás nunca nadie supo lo que han hecho
En mí mis sueños, que me hicieron tan dichosa, riendo siempre
Por dentro, y al marcharse me dejaron sin corazón y sin pecho

Qué triste me siento ahora que he perdido así mis sueños
Yo que siempre les guardaba como tesoro en mi lecho
Y que cuando iba a dormirme primero les revisaba
Y al ver que todos seguían prisioneros de mi almohada
Sonreía tan contenta esperando la mañana

Ay, qué triste me dejaron los sueños que yo cuidaba
Se volaron tan de golpe que no me han dejado nada
Solo una pena muy honda y un desencanto profundo
Que sin ellos, dulces sueños, no quiero andar por el mundo.

Plática

Quiero decirte en palabras eso que llevo aquí dentro
Porque entonces me repites que es a mí a la que quieres
Que por cobarde me callo cuando te veo y te tengo
Porque entonces continúas engañando a dos mujeres

Quizás sola aquí en mi casa, sola con mis pensamientos
Pueda decirte, amor mío, todo lo que voy sintiendo
Sin temor a lastimarte o a enojarte en un momento
Y es a mí a la que hieren, yo sabría comprenderte
Te perdonaría si quieres, te pediría que me olvides
Si cariño no me tienes, todo sería preferible al dolor de amarte tanto

Si te tuviera delante te diría que te quiero
Con esta pena tan honda que me provoca hasta el llanto
Que no hay hombre en este mundo que inspire tal sentimiento
Amor mío, por favor, dime qué soy para ti, dime si tengo tu amor
Ni mujer que sienta tanto como por ti estoy sintiendo
O si tal vez te perdí para continuar mis días al menos de otra manera
Que eres tú mi propia alma y que me muero por dentro
Cuando pasan tantos días y son cortos los momentos
Que tenemos para amarnos al calor de nuestros cuerpos

Que eres tú esa vida mía, esa vida que no encuentro
Cuando al marcharte me dejas sin espíritu en el cuerpo

Entonces se viene abajo el castillo de mis sueños

Todo lo que había soñado lo veo de repente muerto

Y me entra un miedo terrible, y me dominan los celos

Cuando veo que te marchas, cuando a solas yo me muero

Que son muy fuertes los brazos que te apartan de mi lado

Que eres feliz con la otra y ella te tiene a su lado.

La esperanza

Soy la voz de la esperanza, esa esperanza divina
Que brilla y que te ilumina, mientras en tinieblas avanzas
Soy aquello que semeja las penas que hayas pasado
Y te voy dando la mano, guiándote en tu camino

Puedes llamarme destino, puedes añoranza
Puedes creer si no alcanzas la ilusión con que has soñado
Que me marché de tu lado o que te tengo olvidado
Pero verás que no es cierto tu juicio desesperado
Porque amaneciendo el alba, me encontrarás a tu lado.

La fe

Señor, tú que has hecho el universo, que le has dado a los humanos

La verdad en una mano y la mentira en la otra,

tú que hiciste que naciera en lo profundo del bosque,

la flor frágil y pequeña con la que los hombres

Sueñan en las noches de verano

A ti, Señor, te comparo con la intensa y viva luz que se refleja en la cruz

Donde tu hijo murió, por esa luz vivo yo en una búsqueda ansiosa

En una busca infructuosa porque no te puedo ver

Y mis rezos y mi llanto se confunden en lo temprano

Cuando extendiendo mis manos y aclamando tu nombre

Llamo, llamo y no respondes, Señor, ¿de mí te has olvidado?

¿O es que te he llamado en vano porque yo no sé llamarte?

Entonces enséñame a amarte para que así el corazón

Me conteste por ti mismo y así salves del abismo a mi mente confundida

Y contigo hasta la muerte, marcharé yo por la vida

A mis padres

Si delante de Dios un día yo me viera...

Y algo grande y hermoso pedir me permitiera

Si me dijese el padre amado, que podía yo pedir lo más preciado

Si me ofreciera tanto que mis ojos no alcanzaran a ver lo mucho y

hermoso de su regalo

Lo miraría yo todo muy detenidamente,

con lágrimas de dicha contemplaría orgullosa

Lo observaría contenta porque en todo lo hermoso

y grandioso de su regalo, no había nada

Que el padre me ofreciera que pudiera igualar a lo que mío ya fuera

Todo aquello grandioso ya el padre lo había dado, mil veces más valioso,

Ese regalo inmenso, ese tan majestuoso, que fuera tan valioso

que ignoro lo demás.

¡Son mis padres, Dios mío!

Aquel que ya me diste muchos años atrás

Brindis

Estoy brindando a solas con mi copa de vino

También un cigarrillo que con deleite aspiro

Vuela mi pensamiento y aquí traigo tu imagen

Para brindar contigo, con tus ojos profundos

Mirándose en los míos, con tu aliento en mi rostro

Mientras vas susurrando mil frases en el oído

He cerrado mis ojos para brindar contigo

Y sentir el calor de tu cuerpo y el del mío

Y ya no brindo a solas porque tú estás conmigo

En abrazo sintiendo tu pecho junto al mío,

Un par de corazones unidos en latidos,

Y ya completamente por este amor vencidos

Cerraremos los ojos al quedarnos dormidos

Solo un sueño

Quiero seguir soñando para toda la vida

Con este dulce sueño, lleno mi corazón

Van pasando las horas y con sentir sombrío

Siento que va muriendo mi pobre corazón

Quiero seguir soñando y unido a mi tristeza

Solitario y sombrío se desmaya mi amor

Y como rosa seca que bañara el rocío

Palpita débilmente mi herido corazón

Quiero seguir unida a este dulce sueño

Sueño que mi alma triste se niega a abandonar

Y como nube negra que cubriera mi alma

Mataría mis anhelos, como paloma levantaría el vuelo

Para no regresar.

Ausencia

Te has ido solo en cuerpo porque aquí está tu alma

Conmigo se ha quedado aun viéndote marchar

Ella y yo te esperamos con la dulce agonía

En espera hasta el día en que regresarás

Te has ido y, sin embargo, aún siento tu presencia

Y en mis brazos aún siento mi corazón vibrar

Y es que, aunque te hayas ido, aún sigues en mi alma

Y el ensueño vivido no lo podré olvidar

Aunque el destino adverso no uniera nuestras vidas

Continuaré pensando en lo que ya pasó, recordaré

Tus besos, tu amor y tu dulzura, y ese será el secreto

Sagrado de los dos.

Amantes

Para que nos amemos con grandeza

Con un amor tan grande como el sol

No necesito título de señora casada

Ni firmar un contrato delante de un señor

No necesito para ser siempre tuya

Que me lleves del brazo, con pompa y con blazón

Solo te necesito a ti entre mis brazos entregándome

Siempre tu amante corazón

No necesito nombre de señora casada

Ni el título que diga "soy tu esposa o tu amor"

Yo todo lo que ansío es que siga siendo mío

Tu amante corazón

Estos son los regalos que quiero que me ofrezcas:

Tus besos, tu ternura, caricias y pasión.

Las cosas materiales se adquieren fácilmente

Y el regalo más bello que llenará mi vida,

Ese hermoso regalo será siempre tu amor.

Como podria

¿Cómo podría, mi amor, dejar de amarte un momento

Si estando lejos o cerca, despierta o si estoy durmiendo,

Solo tu nombre pronuncio, solo tu imagen contemplo?

¿Cómo podría olvidar de ti, mi amor, tantos besos, olvidarme

De tus brazos, de tu pasión, de tu aliento y pensar que no

Exististe, que nada de esto fue cierto, que no debo recordarlo

Porque solo fuiste un sueño?

¿Cómo podría arrancar tu amor que tanto he cuidado

De lo profundo de mi alma donde se encuentra clavado

Y pensar que no exististe, que fue un sueño y lo he olvidado?

Nunca podría, mi amor, olvidarte por completo

Porque aunque esté lejos o cerca, despierta o si

Estoy durmiendo, solo tu nombre pronuncio, solo

Tu imagen contemplo.

Oración

Voy a rezar una oración profunda,
Una oración ferviente que abra paso
A acercarme de Dios a su regazo
Y mis penas contarle y mis fracasos.

Voy a decirle al Dios omnipotente
A contarle lo que mi alma añora
Voy a decirle que te quiero tanto
Que por tu amor suspiro a cada hora
Que te has apoderado de mi mente
Que teniéndote cerca no me importa la gente
Que soy feliz viviendo en agonía
pues si te pierdo a ti, pierdo la vida mía.

Que no me importa vivir la larga espera
De los días que habrán de separarnos
Que te tengo presente noche y día
Y que el paso del tiempo
nos hace más amarnos.

Que también tú me amas con la misma locura
Que ya lejos de ti me siento como a oscuras
Que la luz de este amor nos baña día a día
Y tan solo al mirarnos nos llena de alegría.

Así quiero yo hablarle al padre amado

Nuestras ansias de amor y nuestras cuitas

Para que con su gran poder haga el milagro

E indefinidamente prolongue nuestras citas.

A una amiga

Pobre amiga que ahora sufres un desengaño de amor

En ti llevas el dolor, en tu corazón marchito

Ahogando ese triste grito que te produce su ausencia

Tan grande es tu inocencia que no logras comprender

Que si el amor que lloramos nos llevara hasta el abismo

Destruyéndose a sí mismo, sin valor y sin recato,

Más vale ese amor ingrato muerto que haciéndonos daño

Y cuando pasen los años feliz mirarás atrás, entonces comprenderás

Te habrás torturado en vano, pues en la tuya otra mano sostendrás

Con ilusión, olvidando lo pasado y sonriendo al amor.

Háblame de amor

Háblame de amor cuando me mires,

y deja que tus ojos al mirar,

me expresen dulce amor

Cuando me miras, la ternura infinita que quieres ocultar

No hará falta que digas muchas cosas,

tan solo una mirada bastará y deja que conduzca tus deseos

Mirándote en mis ojos, vida mía, por una eternidad.

Déjame amarte, amor, no tengas miedo

No temas a este amor y así sabrás

que al amarnos se llena, vida mía,

tu alma de placer y de alegría,

Esa dulce alegría que se siente al amar.

Me enseñaste tú

Tú fuiste el gran maestro
Que me enseñó algún día
Las cosas que ignoraba, tantas que no sabía!
Me enseñaste a amar, contigo aprendí un día
A sentir el amor más inmenso que había,
A sentir que de pronto era yo una mujer,
cuando pensé que nunca lo llegaría a ser.
Me enseñaste a besar, me enseñaste a querer,
me enseñaste a amar, contigo fui mujer.
Y así como he aprendido el amor sin querer,
también he aprendido lo que es sufrir por él,
lo que es llorar a mares, lo que es enloquecer,
cuando más te deseo y no te puedo ver
y esperar largas horas que tal vez
son dolor cuando pasan volando
los minutos de amor.
Y volver a sentir ese enorme vacío
que me deja al marcharse ese amor que no es mío
Porque lo retenga unos minutos más,
él nunca ha sido mío ni nunca lo será.
Y viviré esperando la luz de su regreso,
añorando sus brazos, soñando con sus besos,

soñando con los hijos que pudiéramos tener,

soñando solamente pues jamás podrá ser.

¿Quién pudiera decirme, por Dios, por caridad,

por qué si soy tan suya, ¡nunca el mío será!?

Soy Dios

Soy Dios, soy la paz, soy el murmullo del viento

Soy aquello que tú sientes cuando sonríes contento

Soy la llave que abre paso a los caminos del mundo

La tierra se torna dulce y tú sobre ella sonríes con entusiasmo de niño

Soy la paz, la que se lleva tranquila dentro del pecho

Soy eso que llamas vida, soy ilusión, soy aliento

Aliento de flores frescas que las va soplando el viento, frescas de rocío y de lluvia, frescas de amor...

Soy felicidad constante, sin fatiga, sin recelo, dueño de todos los mundos, las nubes y los cielos

De los árboles del bosque, de los mares y la tierra, soy eso que tú deseas,

La felicidad, la gloria, soy el único en tu historia, ¡soy Dios!

A un gran amor de ayer

Te amé como solo se logra amar una sola vez

Con la sublimidad que tiene el cielo cuando se pone el sol

Con la fragilidad de una rosa, así te amé

Cuántos recuerdos dulces se agolpan en mi mente,

cuántas comparaciones hago con otras gentes

Fuiste el sueño dorado de la niña inocente,

el amor de novela, ese amor tan vehemente

por el cual se arriesga todo

Fuiste y serás eternamente, mi gran amor.

Quietud

En la quietud de mi pecho, donde mi alma descansa,

se escuchan rumores suaves de sueños y de esperanzas,

y es allí, en ese templo sagrado, donde se anidan las penas

Que son tan mías y que a nadie pertenecen

porque las guardo con creces del dolor y la experiencia.

Ellas salen solamente de noche y sin hacer ruido

porque saben que las cuido como tesoro sagrado

y las quiero aquí a mi lado porque sin ellas no vivo.

Estas son clasificadas en dos formas diferentes:

unas penas que aún se mecen en mi

Triste corazón y vuelan como gorrión

en las oscuras esquinas de mi vida.

Estas son las que se anidan

en lo que ya no tiene luz,

pero que van con la cruz,

que son cruces de ellas mismas para no perder

la pista ni el recuerdo del pasado; las otras,

Ángeles risueños de mis sueños,

porque son ellas, grandes ilusión,

las que curan las heridas de esas otras

cautivas que guardo en mi corazón.

Jesús el Cristo

Señor mío, Jesús Cristo, quiero hablar contigo a solas

Ven, sentémonos al mar y contemplemos las olas

Quiero saber la razón por la cual te condenaron

Y sin piedad te clavaron tu cuerpo sobre un madero

¿Por causa del mundo entero, dicen, Señor?

Yo no puedo comprender de tu gran ofrecimiento

De tu sangre derramada y de la crueldad tan grande

con que te crucificaron

¿Todo lo hiciste por eso? Por nosotros

hasta los huesos te trituraron a palos

Y en vez de agua, vinagre

te dieron para beber, para calmar tu sed

Que era una sed especial, que era sed de justicia,

que era una sed de bondad

Te ofendieron, te golpearon,

hasta espinas colocaron en tu frente blanca y pura

Para gozar su tortura y verte sangrando herido,

por todos los hijos míos

Y por mí, Señor, te pido: perdónanos,

Cristo Rey, Padre amado, tu perdón

Si es que fuimos la razón de todos tus sufrimientos,

y continuando el lamento

Sé que aún sigues sufriendo,

hasta el día y el momento final para el mundo entero.

Celos

Tengo celos de tu ayer porque hoy domina tu vida,
y te sigue donde vayas como fantasma en tu esquina.
Tengo celos porque sé que ese ayer hoy nos separa
y que por deber te obliga, sin que puedas hacer nada.
Sé que es algo fuerte y profundo
que hoy ata tu corazón, y este ayer es hoy tu mundo.
Cómo quisiera, mi amor, ser yo tu ayer mañana,
para atarte de igual forma, sin que quieras hacer nada,
y te duermas en mis brazos y despiertes en mi almohada,
y sentirme acariciada por tu aliento cuando duermes...
y acariciarte en el pecho y abrazarme en fuerte lazo,
al dulzor que dan tus brazos, y amarte,
amarte por siempre con la misma intensidad,
con este amor de verdad.
Aunque exista en ti ese ayer, seré yo tu mujer,
la que vele en ti los sueños
y tú, mi esclavo y mi dueño,
mi amor, mi mundo y mi ser.
Y henchida de ese placer,
seré de hoy en adelante
tu dulce amor o tu amante,
el ayer de tu mañana,

tu esclava dulce y sutil

que dormirá en tu regazo,

al conjuro de tus besos

cobijada por tus brazos.

Volverás a mí

Te esperaré, vida mía, porque sé que volverás,
Porque sé que lo que sientes no lo olvidarás jamás.
Porque existe algo más fuerte que la razón en la vida,
Porque nuestro amor es grande y no admite despedidas.

Yo podría describirte, con detalles, si así quieres,
Lo que sientes paso a paso, lo que duele y lo que hiere.
Te lo diría sincera, porque a pesar de los dos,
Lo mismo que estás sintiendo lo vengo sintiendo yo.

Y es por eso que te digo, y te aseguro, mi amor,
Que mientras tengamos vida, nos amaremos tú y yo.

Muerte sin ti

Voy muriendo lentamente, deprimida o hechizada, como una rosa enlatada se siente mi corazón. No se unen nuestros caminos por mucho que yo te amara. Nuestros destinos fugaces nos separarán por siempre y tú, cobarde o valiente, vas a permitirlo así. Aunque se muriera en mí este amor que por ti vive, este amor que nada pide, pero que el pobre callado todo lo que ha deseado es tenerte junto a mí. Entonces, pobre de ti, mi dulce sueño vehemente, mis ojos, cual grandes fuentes, derramarán mucho llanto. Mi corazón, sin espanto, se endurecerá cual roca, y mi mente, como loca, no deseará más la vida, pues tu amor será una herida mortal en mi frágil pecho y no desearé más lecho que el que la tierra me ofrece, pagando al mundo con creces el pecado de quererte. Y aunque estando muerta ya animara vida en mí, esperaría por ti por siempre en la eternidad. Mi sueño lo haría verdad, y tu amor, tan solo mío, sería la recompensa a esta horrible soledad.

Voy a decirte adiós

Voy a decirte adiós y no es porque yo quiera

Porque al marcharte tú se irán mis primaveras

También se irán las horas de amor y de alegría

Esas que disfrutaba siempre en tu compañía

Pero te digo adiós, amor, aunque mi alma se muera

Y contigo se marche, ese amor que te diera

Admiración

Te admiro por tus cosas que no puedo olvidar
Por esos sentimientos que, aunque no me lo creas,
A mí me hacen llorar.
No porque me has herido, no, te lo puedo jurar, más bien
Por tu grandeza, por tu amor sin igual, por tu gran fortaleza
Por tu sinceridad, porque te has alejado para no hacerme mal
Sabiendo que me amas, porque lo siento así, prefieres alejarme
Y no volver a mí, porque sé que eres valiente para este amor matar
Y enterrarlo muy hondo, tan hondo como el mar, y fingir que sientes
Cuando por dentro lloras, como flor que ya ahogada la devuelve una ola
Porque eres diferente, romántico y cordial, y le diste a mi vida la dulzura
de amar
Porque fuiste la imagen del amor que soñé,
pero que llegó tarde y nunca pudo ser
Por todas esas cosas que no puedo expresar,
y porque sé que miente, mi amor no has de matar.
Por tu dulce ternura, por tu enorme lealtad,
por esas cualidades que nadie ha de igualar,
Por tantas cosas bellas que no puedo olvidar,
por eso, amado mío,
¡Mi amor no matarás!

Cuando vengas a mi

Cuando vengas a mí, amado mío,
Se morirán las flores del olvido
Contemplaré tu imagen sonriente
Y haremos de mi casa nuestro nido.
Volarán las gaviotas de mis penas,
Romperé las cadenas que nos atan
Salvaré para siempre las fronteras
Que a nuestro amor separan y lo matan.
Y vendrás a mi vida para siempre,
Sin separarnos nunca, así he soñado,
Porque tu amor fue siempre lo más bello,
Lo más hermoso y por lo que he llorado.
Y seremos felices como niños, que alegres
Van mientras miran al cielo, y seremos, mi vida,
Tan felices que todos al mirarnos se morirán
De celos. Así será mi vida cuando vuelvas a mí,
Alegre, bella siempre, y yo seré feliz, pues
Teniéndote cerca no volveré a llorar, y lo que
Ya he sufrido, trataré de olvidar.

A la luna

Al salir la luna en su rostro de plata
Brillan arcoíris de cielo y de nácar.
Y en noches tan bellas, los enamorados
Salen a la calle para verla a ella.

Entre los ensueños del amor que viven
Piden cosas bellas a la bella luna que
Pinta su cara plateada con tonos de cielo
Y de nácar. Los mira y sonríe con luz
De lucero, mientras toma flores que adornan
Su pelo.
Desde el infinito les envía amores
Al compás del canto de los ruiseñores.
Al mirarle ardiente con ojos de fuego
Les mira la luna, mojando su pelo de
Lluvia y rocío,
Poniendo en su cara los polvos de estrella
Que brillan en el cielo de nácar, de luz y de plata.

Tristeza

Estoy de pronto triste, con tristeza tan suave,
Que aunque lloran mis ojos, mi alma no lo sabe.
Y es que esta es la tristeza más extraña que existe,
Pues aunque estoy llorando, mi alma no lo dice.

Y no existe dolor, sencillamente siento que mi alma
Se ha marchado en dirección del viento.
¿Será tal vez que extraño su amada compañía
Y me he sentido a oscuras, aunque haya luz del día?
¡Qué sensación extraña que experimento ahora,
Que mi alma se ha marchado mientras mis ojos lloran!

No te podré olvidar

No te podré olvidar, amado mío, porque tú reviviste
Mi esperanza, porque tú me alegraste con tus besos
Porque me diste amor, me diste ansias.

Porque me diste todo lo soñado, porque fuiste ideal
Fuiste perfecto, porque ni aun el tiempo y la distancia
Apagarán las llamas en mi pecho.
No te podré olvidar, y a Dios le pido que
Te traiga a mi vida para siempre, que te devuelva
A mí como he soñado, que me entregue tu amor
Completamente, que nos una sin tiempo y sin barreras
Que quedemos unidos en la vida o quedemos unidos
En la muerte. Así deseo tu amor, entero mío, con egoísmo
Y loco desenfreno, pues no me importa vivir encadenada
Si me has de amar así como yo anhelo.

El amor

Por muy tonto que parezca, el amor
Es cosa sana cuando se ama de veras
Cuando se ama con ganas
Cuando se entregan los besos como
Se entrega una flor, como se entrega
Una joya que tiene mucho valor.
Cuando no existen recelos y ya
Todo es comprensión, cuando
El sentir de ambas almas es el sentir
Del amor. Cuando se entrega la vida
Y los placeres que da, y nada tenga
Importancia, solo ellos, nada más.
Si tú sientes todo eso, si se encienden tus
Pupilas, y tu corazón es preso de
Emociones y de dichas, de risas y de calor,
Entonces sí, amiga mía, entonces
Has sentido amor.

Porque te fuiste

Porque, mi vida, te fuiste un día,
¿Por qué te fuiste si eras mi amor?
¿Por qué mi alma rompiste un día?
¿Por qué te has ido sin un adiós?

¿Por qué dejaste de angustia llenos
Todos mis días de ensoñación?
¿Por qué te has ido sin una frase,
Sin un aviso, sin un adiós?
¿Por qué rompiste todos mis sueños?
¿Por qué rompiste mi corazón?
¿Por qué dejaste de angustia llenos
Los sueños míos, por qué, mi amor?
No he comprendido por qué te has ido,
No he comprendido aún la razón,
Pero si vuelves vendrán mis goces,
Vendrán mis sueños, se irá el adiós.

Mi regalo

Tú eres, vida mía, el más bello regalo,

El amor deseado, el amor que busqué,

Primavera en mi vida, dulzura que me invade,

Mi luz y mi esperanza, el amor que anhelé.

Tú lo transformas todo, mis noches haces días,

Mi oscuridad transformas en luz y amanece.

Tú eres, vida mía, el más bello regalo, el amor

Esperado, el amor que encontré.

Para ti

No puedo explicarme por qué te quiero,

por qué me aferro a ti con ansias locas

No puedo comprender cuál es el motivo

de sentir este amor que no dice mi boca.

Trato de razonar y de olvidarte,

de dejarte tranquilo en tu sendero

Y al pensar que dejemos ya de vernos,

es que comprendo que de verdad te quiero.

No quiero herir a nadie, así lo juro,

y trato inútilmente de olvidarte,

pero es el sentimiento de esta culpa

lo que quizás más fuerzas me dé para adorarte.

Es algo horrible amar a un hombre ajeno,

al saberle con otra a quien da sus anhelos

Que aun sabiendo que no me pertenece,

mi pobre corazón muere de celos.

Perdóname, Señor, perdón te pido,

por sentir ese amor que no tiene decoro

Pero vale la pena esta agonía,

pues cuanto más doloroso es este castigo,

Con más intensidad es que lo añoro.

Perdóname, Señor, no me arrepiento de amarle así

con este intenso amor que en mi alma es preso,

porque al verle de nuevo y estrecharme,

siento más dulces sus hermosos besos.

Sencillamente así

Sencillamente así, como suceden las cosas fácilmente,

Yo he encontrado en tus brazos una nueva corriente.

Y me dejé llevar, o tal vez fue tan fácil porque ya te quería,

Porque te conocía de esas vidas pasadas

y hoy que te he encontrado no pude sino amarte.

Y aunque la vida cambia y hoy esta no es la misma que aquella que vivimos

Aun antes de nacer, tú me esperabas triste con la dulce añoranza y la gran esperanza de que yo iba a volver.

Y es que hay leyes divinas que son tan superiores,

que son hoy las razones de nuestro encuentro aquí,

y vamos a seguirlas, feliz por nuestro encuentro

Feliz por la tarea que habremos de cumplir.

Tenemos un encargo que cumplir

En la tierra, y aunque no lo creas, es Dios quien nos ha unido.

Él es quien ha ofrecido este encuentro casual

para que terminemos esa obra inconclusa,

Aquella que al marcharte quedó sin terminar.

Epílogo

Al compartir estos versos con ustedes, me sumerjo en un viaje íntimo a través de mis propias emociones, una travesía que refleja lo más profundo de mi ser. El amor, en todas sus formas, ha sido la fuerza que ha guiado cada uno de estos poemas. A través de ellos, he revelado mi alma, desde las pasiones más ardientes hasta las nostalgias más dolorosas, pasando por la esperanza y el desconsuelo que acompaña cada latido del corazón.

Este es un amor que va más allá de las palabras, uno que transforma y traspasa las barreras del tiempo y la distancia. He amado, y he sufrido por ello, pero también he encontrado en ese amor la razón para seguir adelante. Cada línea escrita es un pedazo de ese amor que no se apaga, que persiste a pesar de las heridas, de las ausencias y de los silencios. A lo largo de estas páginas, he dejado plasmada la esencia de ese sentimiento que a veces nos eleva y otras nos destroza, pero que siempre nos hace más humanos.

En mis versos también está presente la vida misma, con todos sus altibajos, sus cambios inevitables. Reconozco que la vida, tal como el amor, a menudo nos separa de lo que más queremos, pero siempre queda esa esperanza, ese anhelo de que, de alguna manera, los corazones que se aman vuelvan a encontrarse. En el dolor, he aprendido a encontrar consuelo; en la separación, he aprendido a encontrar fuerza.

Este viaje no es solo sobre el amor a los demás, sino también sobre la búsqueda interior, sobre el entendimiento de quién soy y cuál es mi propósito en este mundo. Cada palabra escrita es un reflejo de esa búsqueda, de ese deseo de entender lo que la vida y el destino tienen preparado para mí. He buscado respuestas en mis sueños, en el viento, en los silencios, y en la conexión que siento con aquellos que he amado.

A través de cada poema, he querido compartir esa búsqueda, ese amor que me ha marcado profundamente. Y al final de este viaje, me doy cuenta de que, a pesar de todo, el amor siempre prevalece. Es la fuerza que me ha guiado, que me ha transformado, que me ha permitido encontrar consuelo en el caos y belleza en el dolor. Porque el amor, incluso en sus formas más complejas y dolorosas, es el centro de mi existencia.

Con cada palabra que han leído, les invito a hacer lo mismo: a sentir, a amar, a llorar, y sobre todo, a vivir intensamente. Así es como he encontrado mi verdad, y espero que estas palabras les ayuden a encontrar la suya.

Made in the USA
Columbia, SC
19 November 2024

46336103R00026